AF219357

Werner Ehlen

Wissenswertes

zu

Bibel, Glaube, Kirche

Impressum

Copyright © 2022 Werner Ehlen
Titelbild © Werner Ehlen
Herstellung und Verlag:
BoD – Books on Demand, Norderstedt
ISBN 9 783-75574-862-5

*Bibliografische Information der Deutschen Nationalbibliothek:
Die Deutsche Nationalbibliothek verzeichnet diese Publikation in
der Deutschen Nationalbibliografie; detaillierte bibliografische
Daten sind im Internet über dnb.dnb.de abrufbar.*

Inhaltsverzeichnis

Titelbild

Eine Nawami in der Wüste Sinai, eine über 5000 Jahre alte Begräbnisstätte einer noch unerforschten Nomadenkultur.

Vorwort

Was ist für einen Christen wichtig zu wissen? Warum muss man als gläubiger Christ überhaupt etwas wissen? Genügt der Glaube nicht? Sind Glaube und Wissen nicht auch oft unvereinbare Gegensätze? Solche und ähnliche Fragen möchte ich im Folgenden betrachten, am liebsten mit Ihnen gemeinsam. Leider geht dies nicht im direkten Gespräch, umso mehr würde ich mich freuen, wenn Sie mir Ihre Gedanken dazu nach der Lektüre meiner Überlegungen per Mail (buchkritik3@online.de) zukommen lassen würden. Denn Glaube lebt vom Hören – vom Hören auf Gottes Wort, aber auch vom Hören aufeinander, von Gemeinschaft und Kommunikation!

Warum Wissen den Glauben bereichert

Zwei Beispiele

Wenn man in einer sternenklaren Nacht abseits beleuchteter Städte und Straßen zum Himmel blickt, kann einen der Anblick tief beeindrucken. Wenn man aber weiß, wohin man schauen muss, um z.B. mit bloßem Auge den kleinen Nebelfleck der Andromeda-Galaxie zu sehen und dann noch weiß, dass das Licht dieser 100 Milliarden Sterne 2,5 Millionen Jahre unterwegs war zu uns, dann ist dies einfach nur überwältigend. Das Wissen kann hier also hilfreich sein, um tiefer und genauer zu sehen.

Heutiges Wissen scheint oft im Widerspruch zu stehen zu Aussagen der Bibel. Ich nenne nur das Wissen um die Entstehungsgeschichte unserer „Welt" bis hin zum Menschen, die Milliarden von Jahren umfasst, nicht sieben Tage wie in der Bibel beschrieben. Oder die Altersangaben der Erzväter, die angeblich an die tausend Jahre alt wurden, auch dies wissenschaftlich nicht haltbar. Hier kann uns das Wissen um die Art von Bibelerzählungen helfen, diese Widersprüche aufzulösen. Bibel und Wissenschaft können gar nicht im Widerstreit stehen, weil sie ganz andere Arten von Aussagen treffen.

Was man vielleicht nicht unbedingt wissen muss

Mein Professor in Altem Testament im Studium sagte in seiner ersten Vorlesung, zu einem Christen gehöre unabdingbar, dass er die Namen der 12 Söhne Jakobs, in biblischer Sicht identisch mit den 12 Stämmen Israels, wisse. Ich denke, daraus spricht eher die Wertschätzung des eigenen Faches als eine Notwendigkeit für einen Christen. Der Vollständigkeit halber seien sie aber kurz genannt: Ruben, Simeon, Levi, Juda, Sebulon, Issachar, Dan, Gad, Ascher, Naftali, Josef und Benjamin.

Auch das Wissen, dass die moderne Exegese den Evangelisten Lukas für einen Arzt hält, weil er in seinem Evangelium den Heilungswundern ein auffälliges Interesse schenkt, mag interessant und sogar hilfreich zum Verständnis der einen oder anderen Bibelstelle sein, unbedingt notwendig halte ich es für einen Christen nicht.

12 Stämme Israel und 7 Sakramente

Auch wenn ich vorhin geschrieben habe, dass es nicht unbedingt notwendig ist, die 12 Stämme Israels beim Namen nennen zu können, ist es doch hilfreich für das Verständnis der Bibel überhaupt, zu wissen, warum Israel aus 12 Stämmen bestand. Aus dem gleichen Grund haben wir nämlich 7 Sakramente. So erstaunlich dies vielleicht auf den ersten Blick zu sein scheint, so einfach ist die Erklärung (zumindest oberflächlich): Die Zahl 12 erhält man, wenn man 3 mit 4 multipliziert, 7, wenn man 3 und 4 addiert!

Damit sind wir schon ein klein wenig in das faszinierende Gebiet der Zahlensymbolik der Bibel eingedrungen. Drei ist die Zahl Gottes, die Zahl der Vollkommenheit. Wir begegnen ihr zum Beispiel im Dreigespann von Sonne, Mond und Sterne; in der Dreifaltigkeit; in der Auferstehung am dritten Tag; in der Familie, die aus Mutter, Vater, Kind besteht; und viele weitere Beispiele ließen sich nennen. Vier ist die Zahl des Irdischen: Die vier Elemente Erde, Wasser, Luft, Feuer; die Himmelsrichtungen Norden, Süden, Osten, Westen; die vier Jahreszeiten, um nur einige zu nennen. Die Zahlen 12 und 7 zeigen also an, dass Gott und Mensch, das Transzendente und das Irdische zusammenfinden, miteinander zu tun bekommen. Deshalb bildet sich das Volk Israel aus zwölf Stämmen heraus, weil es dadurch unter dem besonderen Schutz Gottes steht, deshalb wählt Jesus 12 Apostel, deshalb wurde die Zahl der Sakramente auf sieben festgelegt, weil hier das Heilshandeln Gottes am Menschen deutlich sichtbar wird.

Dieses Wissen ist somit nicht nur „interessant", sondern hilft uns im Verständnis der Sakramente weiter. Wenn wir als Beispiel die Krankensalbung nehmen, geht es eben nicht darum, dass der Kranke durch die Krankensalbung geheilt im Sinne von wieder gesund wird. Es geht darum, zeichenhaft erfahrbar zu machen, dass Gott auch in diesem konkreten Leid da ist, an der Seite des Kranken steht und sein Heil, nicht sein Verderben will. Das kann Kraft und Hoffnung geben, Kraft, die hin und wieder zur Gesundung führen kann. Wichtiger ist, dass sie heil machen kann, heil im Sinne von mit sich im Reinen sein, sein Schicksal annehmen können im Vertrauen auf einen Gott, der über das Leid hinaus bei uns ist, sogar über den Tod hinaus.

Um die Symbolik von Zahlen zu wissen, kann so manchen Bibeltext verständlicher machen, ihn um eine Bedeutungsebene füllen. Wann immer wir auf die Zahlen drei und vier bzw. Variationen von ihnen treffen, dürfen wir sicher sein, dass diese Aussagen

dahinterstehen, nicht Mengenangaben oder mathematische Be-
ziehungen.

Dies gilt generell für alle Zahlenangaben in der Bibel – sie sind
immer symbolisch zu verstehen, bedeuten immer mehr und etwas anderes als ihren mathematischen Zahlenwert. Was genau
einzelne Zahlen bedeuten, kann man bei entsprechendem Interesse sicher online herausfinden.

Zeichen und Wunder

Gerade die Wunder der Bibel – sowohl im Alten Testament als auch die Wunder Jesu scheinen unserer modernen Sicht der Welt total zu widersprechen. Es scheint, als würden sie zu den Naturgesetzen in völligem Widerspruch stehen.

Es scheint nur drei Möglichkeiten zu geben:

1. „Augen zu und durch" – Gott ist eben unbegreiflich, steht über den Naturgesetzen, oder

2. „Das kann nicht stimmen, also stimmt nichts von der Bibel" – alles Quatsch, weg mit Glaube und Kirche, oder

3. „Damals wussten sie es eben nicht besser". Daraus folgt dann ein Auswahlglaube: Manches ist glaubhaft, anderes nicht.

Festzuhalten ist auf alle Fälle, dass die Wunder in der Bibel nie Selbstzweck sind, keine Zauberei, um zum Beispiel reich oder mächtig zu werden. Sie stehen immer zeichenhaft für etwas anderes, sind der eigentlichen Aussage untergeordnet.

Jesus war durch seine Wundertaten auch nichts Besonderes, es waren damals viele Wundertäter unterwegs.

Bedeutender ist, dass die Bibel selbst die Heilungswunder nicht für „wunderbar" hält: Bei Markus lesen wir, dass Jesus in seiner Heimatstadt zwar einigen Kranken die Hände auflegte und sie heilte, aber dort keine Machttat tun konnte. Dass Jesus also Kranke heilt, ist nichts Besonderes, keine Machttat. (Mk 6,5)

Und es ist ja auch nichts Besonderes. In jedem Krankenhaus werden tagtäglich hunderte von Menschen geheilt. Menschen leben mit dem Herzen eines anderen Menschen weiter. Natürlich sagen wir sofort: Ja, aber ..... Vielleicht liegt aber gerade darin das Problem: Dass wir verlernt haben, die Wunder, die um uns sind, als solche zu erkennen. Noch vor 50 Jahren war es undenkbar, unvorstellbar, dass wir von (fast) jedem Ort der Erde mit (fast) jedem anderen Menschen auf der Erde innerhalb von Sekunden in Kontakt treten können. Wird es weniger wunderbar, weil es für uns so alltäglich ist?

Ist es nicht ein Wunder, wenn ein Raum taghell erleuchtet wird, nur weil ich – meterweit entfernt – einen Schalter betätige?

Oder – um ein „echtes Wunder" zu nennen: Die meisten Stoffe haben bei Null Grad Celsius das kleinste Volumen. Nicht so Wasser, das bei vier Grad die größte Dichte hat. Wäre es anders, gäbe es das Leben, so wie wir es kennen, gäbe es uns sicher nicht. Denn im Winter würden die Seen von unten her gefrieren, es hätte sich nie Leben entwickeln können.

Die Wunder führen auch nicht zum Glauben, wie uns Johannes im 12. Kapitel, Vers 37 schildert. Die vielen Zeichen und Wunder, die Jesus tat, führten nicht dazu, dass sie an ihn glaubten!

Die Wundererzählungen (nicht Berichte!) sind vielmehr ausschmückende Geschichten für die eigentlichen Aussagen: Gott ist groß, Gott steht zu seinem Volk, Jesus hat einen ganz besonderen Anteil an diesem Gott.

Diese Aussagen wollen die Wundererzählungen unterstreichen. Sind sie „wirklich" geschehen? Ja, weil wirklich das ist, was wirkt. Nein, wenn es darum geht, ob dabei Naturgesetze außer Kraft gesetzt wurden.

Es gibt wunderschöne chassidische Geschichten, die dies vielleicht erhellen können: Der Chassidismus ist eine Strömung im Ostjudentum des 18. Jahrhunderts, als Begründer gilt Israel ben Elieser, genannt der Baal Schem Tov, „Meister des guten Namens".

Ein Erforscher der Natur kam aus der Ferne zum Baalschem und sagte: «Meine Forschungen haben ergeben, dass von der Natur aus in jenen Stunden, als die Kinder Israels durchs Schilfmeer zogen, es sich spalten musste. Was bleibt da von dem berühmten Wunder?»

Der Baalschem antwortete ihm: «Weißt du nicht, dass Gott die

Natur erschaffen hat? Er hat sie so erschaffen, dass in jener Stunde, als die Kinder Israels durchs Schilfmeer zogen, es sich spalten musste. Das ist das große und berühmte Wunder.»

(Quelle unbekannt)

Rabbi Baruch sprach: «Nicht das war das große Werk Elijas, dass er Wunder tat, sondern dass, als das Feuer vom Himmel fiel, das Volk nicht vom Wunder redete, sondern alle riefen: ,Der Herr ist Gott!»

(Quelle unbekannt)

Man fragte Rabbi Baruch: «Warum wird Gott in der Hymne „Schöpfer der Arzneien, Furchtbarer der Preisungen, Herr der Wundertaten" genannt? Kommt es denn den Arzneien zu, neben den Wundertaten und gar vor ihnen zu stehen?» Er antwortete: «Gott will nicht als der Herr übernatürlicher Wundertaten gepriesen werden. Darum ist hier durch die Arzneien die Natur eingeführt und vorangestellt. Aber in Wahrheit ist alles Wunder.

(Quelle unbekannt)

In der Erzählung vom „Ungläubigen Thomas" (Joh 20,24-29) weigert sich Thomas, an die Gegenwart Jesu zu glauben, solange er nicht seine Finger in die Wundmale der Kreuzigung gelegt hat.

Die Erzählung gipfelt in dem Ausspruch: „Selig sind, die nicht sehen und doch glauben". Es ist eine Geschichte, die für die ersten Christengemeinden geschrieben wurde, die genau vor diesem Problem standen: Glauben zu müssen, ohne Jesus je gesehen zu haben. Ihnen will die Geschichte zeigen: Thomas kommt zum Glauben, ohne dass seine Forderung erfüllt werden muss.

Ein letztes Plädoyer für den Glauben an die Wunder, die uns umgeben, ohne dass Naturgesetze außer Kraft gesetzt werden müssen, von einem der größten Naturwissenschaftler überhaupt – Albert Einstein:

Es gibt nur zwei Arten,

sein Leben zu leben:

Entweder so,

als gäbe es keine Wunder,

oder so,

als wäre alles ein Wunder.

Geburt Jesu aus der Jungfrau Maria

Eines der großen Wunder ist die Jungfräulichkeit Marias, laut katholischer Dogmatik vor, während und nach der Geburt Jesu.

Matthäus und Lukas erzählen uns davon, dass Maria Jungfrau war, und vor allem Matthäus bezieht sich dabei auf die Prophezeiung des Jesaja in Kapitel 7, Vers 14.

Obwohl seit mindestens 50 Jahren exegetisch klar ist, dass von einer jungen Frau die Rede ist, wurde auch in der neuen Einheitsübersetzung die Bezeichnung Jungfrau beibehalten. In der Fußnote dazu heißt es dann zwar verschämt, dass das Wort „alma eigentlich junge Frau" heißt und sogar auf Mt 1,23 wird hingewiesen. Das war es aber auch schon. Mehr hat man offensichtlich nicht gewagt.

Hängt unser Glaube, hängt die faszinierende Botschaft Jesu, dass Gott unser liebender Vater ist, wirklich daran, dass Maria Jungfrau war?

Worum geht es eigentlich, was ist die Aussage dieser „Jungfräulichkeit"? Es geht sicher nicht darum, dass Maria Jungfrau im biologischen Sinn war, es geht nicht darum, dass Jesus „göttlich gezeugt" wurde. Ausgesagt wird in diesem Bildwort, dass Jesus in einer ganz besonderen Beziehung zu Gott stand, sein Leben und seine Botschaft in unvergleichlicher Weise von Gott Zeugnis ablegten.

Aber überlegen wir einmal, was eine „biologische Zeugung" durch Gott bedeuten würde. Meines Erachtens gibt es nur zwei Möglichkeiten, sich mit dem Stand der heutigen Wissenschaft anzunähern.

Entweder hat Gott sein göttliches Sperma – auf welchem Weg auch immer – mit einer Eizelle Marias vereinigt, so dass Jesus entstehen konnte. Aber er musste sich dazu trotzdem irdischer Materie, des üblichen Chromosomensatzes bedienen. Sonst wäre einfach kein menschliches Wesen entstanden. Was wäre also gewonnen?

Oder er bediente sich doch des üblichen Weges der Zeugung durch Josef und veränderte dann ein Chromosom so, Jesus dadurch sein Sohn wurde. Diese Vorstellung ist fast noch abstruser, finde ich.

Mir gefällt da die jüdische Überzeugung wesentlich besser, dass jedes Kind grundsätzlich durch die Vereinigung dreier entsteht: Vater, Mutter und Gott. Hier finden wir auch sehr schön beschrieben, dass wir alle Gottes Kinder sind, eine Kernbotschaft Jesu.

Oder, wie es Josef Ratzinger schon 1972 in seiner „Einführung in das Christentum" schrieb:

„Die Empfängnis Jesu ist Neuschöpfung, nicht Zeugung durch Gott. ..... . Die Gottessohnschaft Jesu beruht nach dem kirchlichen Glauben nicht darauf, dass Jesus keinen menschlichen Vater hatte; die Lehre vom Gottsein Jesu würde nicht angetastet, wenn Jesus aus einer normalen menschlichen Ehe hervorgegangen wäre." (Rechteinhaber nicht mehr ermittelbar)

Schade, dass er als Kardinal und dann sogar als Papst vergessen hat, was er als Theologe schon wusste!

Ein Phänomen, dem man leider recht oft begegnet.

Grundsätzliches zum Bibelverständnis

Wir haben gesehen, dass die Zahlenangaben in der Bibel symbolisch zu verstehen sind, ebenso sind auch die Wunder wichtig in Bezug auf ihren Aussagegehalt und nicht auf ihre physikalische Relevanz hin und selbst dogmatische Aussagen wie die Geburt Jesu aus der Jungfrau Maria sollten dem Zeitverständnis angepasst werden.

Was bleibt dann von der Bibel? Eines der faszinierendsten Bücher der Weltgeschichte, eine Sammlung von Glaubenserfahrungen unzähliger Menschen über viele Jahrhunderte hinweg.

Es ist nicht entscheidend, **ob** Josua (oder Gott!) es geschafft hat, dass durch reinen Posaunenschall die Mauern von Jericho eingestürzt sind. Als das Volk Israel an Jericho vorbeizog, lag es längst in Schutt und Asche. Aber die Erinnerung, dass es einst eine mächtige, uneinnehmbare Stadt gewesen war, war noch erhalten. Hätte Gott sein Volk also nicht erst jetzt diesen Weg geführt, so wäre es vernichtet worden. Entscheidend ist die Erfahrung, dass Gott sein Volk führt, es bewahrt – in allem Unheil, nicht vor allem Unheil – und es liebt.

Dies ist die Kernaussage des Alten Testaments, die durch Jesus auf die Menschheit als „Volk Gottes" ausgeweitet wird.

Sind die Geschichten der Bibel also gelogen und erfunden? Nein. Aber sie sind keine historischen Berichte, sondern Geschichten, Erzählungen. So, wie wir bei den Grimmschen Märchen nicht fragen, ob Hänsel und Gretel tatsächlich gelebt haben und wirklich im Wald auf eine Hexe gestoßen sind, sondern hier erfahren, wie schwierig das Verhältnis zwischen (Stief)Müttern und Kindern oft sein kann, so erfahren wir auch in den Geschichten der Bibel viel Lebenswissen. Wissen über das Verhältnis von Gott und Mensch, über Opfer und Freiheit, Lebenssinn und Schuld. Der Inhalt der Geschichten, in dem dieses Wissen transportiert wird, ist dabei zweitrangig, nicht entscheidend und ganz sicher nicht historisch gemeint.

Das Problem ist, dass uns naturwissenschaftlich geschultes Denken sich hart tut im Umgang mit Geschichten.

Gottesbild und Fürbitten

Wesentliche Basis für unser Christ-sein ist natürlich unser Gottesbild. Wie denken wir von Gott? Ist er ein Richter, der am Ende unseres Lebens oder am Ende aller Zeiten die guten mit den bösen Taten verrechnet und dann entscheidet, ob wir in den Himmel oder die Hölle kommen? Ist er ein Gott, der die seinen liebt und jedes Unheil von ihnen fernhält?

Beides ist meiner Überzeugung nach schwer vorstellbar. Sehr deutlich wird für mich das Gottesbild immer in den Fürbitten im Gottesdienst. Die Folgende ist mir aufgefallen:

„Für unsere Erde, die durch die Klimaveränderung der letzten Jahre schwer leidet. Dass wir mit ihren Ressourcen sparsam und respektvoll umgehen"

Der erste Teil ist in meinen Augen völliger Unsinn: Die Erde leidet nicht. Ihr ist es völlig egal, ob die Küstenlinie der Nordsee in 30 Jahren, wenn die Polkappen abgeschmolzen sind, bei Köln verläuft. Vermutlich war es anders gemeint, aber dann muss man es eben auch anders formulieren. Zum Beispiel „Erde" durch „Menschheit" ersetzen.

Der zweite Teil ergibt mehr Sinn. Wir können Gott immer nur um Kraft für uns selbst bitten. Er wird nicht (durch ein „Wunder", siehe oben) eingreifen, um uns zu helfen, etwas verändern.

Sind Fürbitten, ist das Gebet also sinnlos? Sicher nicht. Aber Gott wird deshalb nicht in unsere Welt eingreifen, etwas verändern.

Kraft geben kann er uns trotzdem.

Ich vergleiche dies gern mit der Sonne. Ob wir Sonnenkollektoren aufstellen oder nicht, ist der Sonne „egal". Sie scheint deshalb nicht mehr oder kräftiger. Aber wir können ihre Energie anzapfen, für uns nutzen. So ein „Sonnenkollektor" ist auch das Gebet. Es zapft die Energie Gottes, die immer schon da ist, an, gibt uns Kraft und Energie. Diese Kraft und Energie kann uns ganz konkret helfen, unser Leben zu meistern. Die Vorstellung, dass Gott auf unser Gebet hin aktiv wird, in das Geschehen in der Welt eingreift, scheint mir hingegen Wunschdenken zu sein.

Man braucht sich nur die vielen Bitten und Gebete um „gutes Wetter" in der gleichen Gegend vorzustellen. Für den Wanderer sollte die Sonne scheinen, der Landwirt bräuchte dringend Regen. Welches Gebet soll Gott nun erhören?

Natürlich geht die Frage nach dem Gottesbild tiefer. Müssen wir uns die Liebe Gottes verdienen? Verstößt er uns (in die Hölle), wenn wir gegen die Liebe gelebt haben?

Auch diese Vorstellung ist mit der Vorstellung eines Gottes, der jeden Menschen liebt und ja unendlich viel mehr um unsere

Fehler und Schwächen weiß als wir selbst, nur schwer in Einklang zu bringen. Und sie widerspricht der Lehre Jesu über seinen Vater eklatant. Der Gott Jesu ist ein barmherziger Gott, der Gott, der den „verlorenen Sohn" mit ausgebreiteten Armen aufnimmt.

Gibt es also keine Hölle? Hölle ist der „Ort", Zustand der Gottferne, so wie „Himmel" Leben in Gottes Gegenwart beschreibt. Ich stelle mir vor, dass wir im Augenblick des Todes, im Angesicht Gottes all unsere Fehler, all unser Versagen erkennen. Dass uns klar wird, wie sehr wir hinter dem Liebesangebot Gottes zurückgeblieben sind. Dies wird schmerzlich sein (= Fegefeuer?). Doch dann werden wir „geläutert" in der liebenden Gegenwart Gottes geborgen sein. Von daher kann es die Gottferne durchaus geben – ich glaube nur nicht, dass jemand sich dort befindet. Ich traue Gott zu, dass er genug Liebe hat, um jeden Menschen zu durchdringen, in seine Nähe zu ziehen.

Papst, Bischöfe, Priester, Zölibat – von Anfang an?

Wir Menschen haben die Neigung, alles immer zurückzudatieren, bzw. leben wir (unbewusst) in dem Glauben, alles sei schon immer so gewesen wie wir es gewohnt sind.

Ein Beispiel: Wir sagen „Minister XY wurde am … in … geboren". Was Unsinn ist, denn es wurde ein Kind geboren, von dem noch kein Mensch wusste, dass es einmal Minister werden würde.

Dieser Art der Rückdatierung begegnen wir sowohl in der Bibel als auch in der Kirche sehr häufig. Wobei ich den Eindruck habe, dass die Kirche diesen Effekt durchaus fördert.

Wenn wir also von Petrus als dem ersten Papst sprechen und so tun, als wäre die Kirche von Anfang an von zölibatär lebenden Bischöfen und Priestern geleitet worden, so ist dies nicht nur grundfalsch, sondern verstellt auch den Blick darauf, dass Kirche sich ständig entwickelt hat und zugrunde gehen wird, wenn sie meint, Veränderung sei schlecht oder nicht möglich.

So lesen wir im 1. Timotheusbrief, dass ein Bischof Mann einer einzigen Frau sein soll! (1 Tim 3,2)

Der (Pflicht)Zölibat stammt also mitnichten von Jesus bzw. der Urgemeinde, sondern ist sogar erst sehr spät entstanden. Erst

1139 bestimmte das Lateran-Konzil den Zölibat als einzig mögliche Lebensform für alle Priester. Er wird zwar gern theologisch begründet, im Hintergrund stehen aber daneben auch machtpolitische Gründe, da verheiratete Priester ihr Eigentum oft ihrer Familie vererbten anstatt der Kirche.

Auch die „Wahl der Sieben", die in der Apostelgeschichte im 6. Kapitel beschrieben wird und theologisch meist als die Wahl der ersten Diakone gewertet wird, orientiert sich mehr am heutigen Amtsverständnis und der Kirchenstruktur als am biblischen Befund.

Genauso, wie die Frauen in den frühchristlichen Gemeinden wohl eine wesentlich wichtigere Rolle gespielt haben, als die Amtsinhaber der heutigen Kirchenhierarchie dies gerne hätten. Ein gutes Beispiel dafür ist Lydia, die uns im 16. Kapitel der Apostelgeschichte als selbstständige Purpurhändlerin in Thyatira vorgestellt wird. Sie bekehrt sich mit ihrem ganzen Hausstand zum Christentum. Als Paulus aus dem Gefängnis in Philippi entlassen wird, geht er zu ihr, wo er alle Brüder antrifft; das heißt, dass in ihrem Haus die Ortsgemeinde angesiedelt war.

Und im Römerbrief lesen wir im 16. Kapitel, Vers 7 von Junia, die „herausragt unter den Aposteln". Lange Zeit wurde versucht, dies in den Männernamen „Junius" umzudeuten, aber der

Textbefund ist eindeutig: Hier ist von einer Frau die Rede, die zum Kreis der nachösterlichen Apostelschar gerechnet wird.

Festzuhalten ist, dass Kirche nur wachsen konnte, weil sie sich immer wieder auch wandelte und anpasste. Heute darauf zu bestehen, dass irgendetwas nicht verändert werden kann (Zölibat, Frauenpriestertum, ….) ist theologisch schlichtweg nicht haltbar und gefährdet darüber hinaus den Fortbestand der Kirche..

Wofür leben wir? Wozu glauben wir?

Letztlich sollte der Glaube uns leben helfen, sollte unserem Leben Sinn geben. Was ist also die Essenz aus allem, was wir aus der Bibel, was wir von Jeus über Gott wissen?

Kurz gesagt treffen wir auf einen Gott, der für uns ist, nicht gegen uns. Und zwar bedingungslos. Er liebt uns, was auch immer wir anstellen. Und sein einziger Wunsch an uns ist, dass wir diese Liebe weiterschenken, gut zu unserem Nächsten sind.

Würden alle Menschen nach dieser Grundregel leben, hätten wir paradiesische Zustände auf Erden.

Das ist der Sinn unseres Lebens, mitzuarbeiten an diesem großen Werk Gottes.

Und alles, was uns einschränkt in diesem Bemühen, seien es Hierarchien, seien es Machtstrukturen, kann nicht dem Willen Gottes entsprechen.

Zu guter Letzt

Es war meine Absicht, ein wenig Wissen rund um Glaube und Bibel weiterzugeben. Vieles davon war schon zu Zeiten meines Studiums vor fast 50 Jahren bekannt, manches entstammt neueren exegetischen Erkenntnissen. Manches habe ich durch meine eigenen Überzeugungen ergänzt, ich hoffe, es wird deutlich, wo es um theologische Fakten, wo um meine Meinung geht. Glaube lebt sicher nicht vom Wissen, aber auch nicht von der unhinterfragten Übernahme irgendwelcher Dogmen. Auf alle Fälle lebt Glaube vom Erzählen, vom Teilhaben lassen an den eigenen Erfahrungen, vom Austausch. Es wäre also schön, wenn dieses Buch keine Einbahnstraße darstellen würde, sondern Sie mir unter buchkritik3@online.de Ihre Meinung dazu mitteilen würden. Nur so kann Glaube lebendig werden und bleiben.

Danke sage ich auch wieder meiner Frau, die dieses Buch inhaltlich und auf Rechtschreibfehler durchgesehen hat und deren liturgisches Engagement mich mitträgt.

Quellenangaben

Soweit zitierte Texte als unbekannt gekennzeichnet wurden, war die exakte Quellenangabe für mich nicht mehr nachzuvollziehen. Sollten Rechte an einem Text bestehen, bitte ich darum, sich mit mir in Verbindung zu setzen.

Weitere Bücher von Werner Ehlen

Gedanken durch das Jahr

Impulse, Texte, Überlegungen von A wie Abwarten können bis W wie Wunder.

ISBN 9-783-751-95601-7

108 S., Buch 5,99 €, E-Book 4,49 €

Geschichten vom Leben

Impulse und Überlegungen, verbunden mit Erfahrungen aus der Krankenhausseelsorge

ISBN 9 783 752 62666 7

88 S., Buch 5,99 €, E-Book 4,49 €

**Erlebnisse aus der Kranken-
haus- und Notfallseelsorge im
Kontext der Bibel betrachtet**

Anhand konkreter Fallbeispiele
wird versucht, Leben und Bibel
zu verbinden

ISBN 9 783 75432 697 8

46 S., Buch 5,99 €, E-Book 3,99 €

Meine Perlen der Bibel

Anregungen, Impulse und Wis-
senswertes zu vielleicht auch
nicht ganz so bekannten Bibel-
stellen

ISBN **9 783 75267 153 7**

56 S., Buch 5,99 €, E-Book 4,49 €

Warum ich mich manchmal schäme, katholisch zu sein – aber es noch immer bin

Eine Bilanz, was meines Erachtens in der kath. Kirche falsch läuft und warum sie trotzdem sinngebend ist.

ISBN 9-783 75049 384 1

56 S., Buch 5,99 €, E-Book 3,99

Irrwege und theologische Sackgassen der kath. Kirche und Orientierung am Zentrum

Fortführung und Konkretisierung des Buches „Warum ich mich manchmal schäme..."

ISBN 9 783 75262 877 7

52 S., 5,99 €, E-Book 3,99 €

Glaube leicht gemacht – aber nicht light

Das Wesentliche des christlichen Glaubens wird ins Zentrum gerückt – und damit viel unnötiger Ballast abgeworfen

Ein Mut-mach-Buch!

ISBN 9-783-75199-948-9

28 S., Buch 3,99 €, E-Book 2,99 €

Eucharistie feiern? Kritische Anmerkungen zur heutigen Form der Eucharistie

Nach kirchlicher Lehrmeinung ist die Eucharistiefeier der Höhepunkt der Woche, der Höhepunkt christlichen Glaubens. Wird sie diesem Anspruch gerecht? Eine Spurensuche

ISBN 9-783-75434-174-2

32 S., Buch 4,99 €, E-Book 2,99 €

Elfchen

26 Bilder, in der Gedichtform der

„Elfchen" meditativ betrachtet

ISBN 978 3 75195 320 7

55 S., Buch 10,99 €, E-Book 4,99 €

Alltägliche Bilder zum Staunen

Keine Hochglanzbilder, nichts

Ungewöhnliches – aber trotz-

dem zum Staunen und Wun-

dern

ISBN 9 783 75432 739 5, 132 Sei-

ten mit 109 Bildern, Buch 14,99 €,

E-Book 5,99 €